NOUVEAU COURS D'ENSEIGNEMENT PRIMAIRE
Rédigé conformément aux programmes du 27 juillet 1882
Adopté pour les écoles des villes de **Paris, Lyon, Bordeaux, Marseille**, etc.
Porté sur les listes départementales et honoré de **trente récompenses** aux diverses expositions.

# METHODE CUISSART

ENSEIGNEMENT PRATIQUE ET SIMULTANÉ

DE

# LA LECTURE

## DE L'ÉCRITURE
## DE L'ORTHOGRAPHE ET DU DESSIN

MÉTHODE RATIONNELLE
Préparant les enfants à la lecture expressive et à l'intelligence de la langue
**contenant 45 figures dans le texte**

PAR

**E. CUISSART**

MEMBRE DU CONSEIL SUPÉRIEUR DE L'INSTRUCTION PUBLIQUE
ET DU CONSEIL DÉPARTEMENTAL DE LA SEINE
INSPECTEUR PRIMAIRE A PARIS, CHEVALIER DE LA LÉGION D'HONNEUR

**17e édition** — **PREMIER LIVRET** — **17e édition**

ÉTUDE DES LETTRES
ET DE LEURS COMBINAISONS SIMPLES

PARIS
LIBRAIRIE PICARD-BERNHEIM ET Cie
11, RUE SOUFFLOT, 11
1887

**Voir au dos les ouvrages du même Auteur.**

# MÉTHODE CUISSART

ENSEIGNEMENT PRATIQUE ET SIMULTANÉ

DE LA

# LECTURE

## DE L'ÉCRITURE

## DE L'ORTHOGRAPHE ET DU DESSIN

(Programme du 27 juillet 1882)



MÉTHODE RATIONNELLE

préparant les enfants à la lecture expressive et à l'intelligence de la langue contenant 45 vignettes et des notions élémentaires de dessin

**d'après la méthode de M. LACABE**

INSPECTEUR PRIMAIRE

PAR

**E. CUISSART**

MEMBRE DU CONSEIL SUPÉRIEUR DE L'INSTRUCTION PUBLIQUE
ET DU CONSEIL DÉPARTEMENTAL DE LA SEINE
INSPECTEUR PRIMAIRE A PARIS, CHEVALIER DE LA LÉGION D'HONNEUR

Cet ouvrage fait partie du *Nouveau cours d'enseignement primaire* fourni gratuitement par la **Ville de Paris** à ses écoles, adopté par les villes de **Lyon, Bordeaux, Marseille,** etc., porté sur les listes départementales et honoré de **trente récompenses** aux diverses expositions

**17me édition** | **PREMIER LIVRET** | **17me édition**

**ÉTUDE DES LETTRES**

**ET DE LEURS COMBINAISONS SIMPLES**



PARIS
LIBRAIRIE PICARD-BERNHEIM ET Cie
11 RUE SOUFFLOT, 11
1887

## AUX INSTITUTEURS ET AUX INSTITUTRICES

# EXPOSÉ DE LA MÉTHODE

La méthode que nous offrons aux instituteurs et aux institutrices diffère un peu de toutes celles qui existent. Nous en avons conçu l'idée après la lecture du remarquable rapport de M. Buisson sur l'exposition de Vienne. Mais, nous en avions déjà appliqué les principes, comme instituteur, de 1852 à 1865, en employant fréquemment le tableau noir, pour l'enseignement de la lecture. Ce système nous permettait de choisir les mots et les phrases et de les faire servir ensuite à des exercices d'écriture et de dictée.

Beaucoup d'instituteurs font de même aujourd'hui. Ils enseignent simultanément l'écriture et la lecture au moyen d'exercices et de procédés qui leur sont spéciaux. C'est la meilleure des méthodes.

Pourquoi ? — Parce que, dans ce cas, on est sûr que le maître se réserve la plus grande somme d'efforts et de travail, et qu'il tâche d'aplanir à ses élèves les difficultés de ce premier enseignement, toujours si aride et si ingrat.

Il imite en cela la mère qui s'ingénie par mille moyens pour que son enfant arrive, peu à peu, à agir, à bégayer, à se servir de ses organes et de ses membres.

C'est là tout le secret, tout l'exposé de notre méthode.

Nous traçons la voie, nous fournissons une partie des matériaux, nous donnons quelques conseils, mais il faut ensuite que le maître paie beaucoup de sa personne. Du reste, quelle que soit la matière enseignée, rien ne remplace la parole et les démonstrations du maître.

Nous nous servons des images pour plusieurs raisons : elles plaisent aux enfants, elles attirent leur attention, elles fournissent aux maîtres la matière d'une leçon orale préparatoire, c'est le moyen de mettre l'enfant en éveil, de le préparer pour la double et triple leçon qu'il va recevoir. Les enfants aiment à crayonner, à *dessiner*. Les images de leur livret pourront encore, au besoin, servir d'exercices de *dessin*, donner matière à une occupation récréative, ce qui a son importance.

Le son et l'articulation seront en quelque sorte détachés du *nom* de l'image et représentés ensuite par l'écriture. L'intelligence de l'enfant est ainsi tenue constamment en haleine ; on procède du connu à l'inconnu ; les difficultés sont aplanies, mesurées.

L'*écriture* vient au secours de la mémoire. L'enfant retiendra mieux la forme d'une lettre quand il l'aura écrite ; de même, en écrivant toutes les lettres qui entrent dans la composition des syllabes et des mots, il sera amené à mettre l'orthographe naturellement et sans efforts.

## INSTRUCTIONS SUR L'EMPLOI DE LA MÉTHODE

La méthode comprend trois livrets :
1er *livret*, étude des voyelles et des consonnes simples ;
2e *livret*, étude des sons et articulations composés ;
3e *livret*, lectures courantes enfantines.

Les quelques premières leçons seront consacrées à des exercices préparatoires à l'écriture. On fera distinguer aux élèves la droite de la gauche, le haut du bas, la ligne supérieure et la ligne inférieure ; on les exercera à tracer de petites lignes horizontales, verticales, obliques, etc., de façon à ce qu'ils puissent bientôt faire ce qu'on est convenu d'appeler des *bâtons*. Tous ces exercices se feront au tableau noir et sur les ardoises.

Toutes les leçons doivent se donner par le maître, du geste et de la voix, au moyen de la craie, *au tableau noir*.

Le maître parlera et fera parler ; il n'abandonnera une leçon pour la leçon suivante que lorsque la première aura été parfaitement sue. Il ne faut rien laisser derrière soi. C'est le moyen d'aller vite.

Les *moniteurs*, quand on sera dans la nécessité de les employer, ne serviront qu'à faire répéter les leçons déjà démontrées, expliquées et apprises, à guider une lecture mécanique au tableau noir ou sur les livrets, à surveiller l'exécution d'une page d'écriture ou d'une copie quelconque.

Le maître n'oubliera pas que chaque leçon doit avoir pour but de faire distinguer un *son*, une *lettre*, de les faire *lire*, *écrire* et qu'elle doit, par la manière dont elle sera donnée, contribuer au développement intellectuel et moral de l'élève. Il est assez difficile de préciser complètement à quels genres de questions chaque leçon doit donner lieu ; nous indiquerons cependant :

1° *Exercices de langage*, leçon orale sur l'image.
2° *Indication* au tableau de la forme de la lettre, ou écriture des lettres composant les sons ou articulations.
3° *Leur reproduction* sur l'ardoise un certain nombre de fois, ou sur des cahiers, au moyen de crayons doux.
4° *Exercices d'application* au tableau noir, toujours reproduits sur l'ardoise, des divers matériaux de la leçon, des devoirs de récapitulation, etc.
5° *Exercices fréquents de lecture* collective, des syllabes, des mots, puis lecture individuelle par chaque enfant désigné isolément, au hasard, en ayant soin de s'occuper surtout de ceux qui vont moins vite.
6° *Dictée* des mots lus et écrits, dès que les enfants seront assez exercés à l'écriture.
7° *Explication* des mots, construction de phrases orales dans lesquelles entreront les mots étudiés.
8° Culture du sens moral, qualités du cœur, sentiments de patriotisme, de charité, d'humanité à développer, etc.

## OBSERVATIONS ESSENTIELLES

I. Chaque leçon des *livrets* pourra faire l'objet de plusieurs leçons ; aller lentement ; revenir souvent en arrière.

II. Les exercices de lecture seront toujours écrits au tableau noir avant la leçon. Il arrivera que le maître prendra la craie pour écrire de nouveaux mots, indiquer la forme des lettres, la manière de les former, etc.

III. Les leçons seront courtes : un quart d'heure au plus ; il en faut au moins deux par classe du matin et du soir.

IV. Les leçons de lecture seront suivies d'un exercice d'écriture comprenant les matières de la leçon de lecture. Les élèves copieront le tableau noir ou le livret. On lira ensuite la copie. Les *moniteurs* pourront faire répéter, relire la leçon apprise.

V. Veiller à une articulation nette des syllabes et à une reproduction correcte des mots. Donner peu à écrire afin de pouvoir faire refaire. Revenir souvent sur les mêmes exercices, se pénétrer des conseils et des recommandations indiqués aux *procédés*.

VI. S'arranger de façon à toujours intéresser ; à tenir l'attention des enfants en éveil ; encourager si peu qu'il y a efforts ; faire que les enfants voient, comprennent qu'ils font des progrès ; procéder avec tact et donner à son enseignement une forme attrayante, récréative. C'est ainsi qu'on doit s'y prendre avec des enfants qui n'ont, et ne peuvent encore avoir ni le goût de l'étude ni l'amour du travail.

E. CUISSART.

# MÉTHODE CUISSART

# LECTURE. — ÉCRITURE. — ORTHOGRAPHE. — DESSIN

## EXERCICES PRÉPARATOIRES

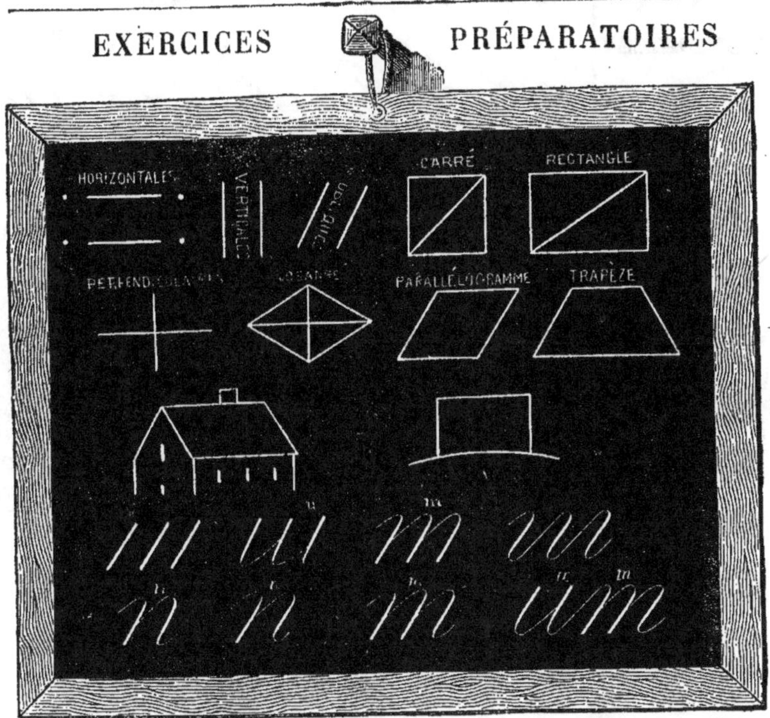


**Procédés.** — Ces exercices préparatoires seront *tracés, expliqués, démontrés* au **tableau noir** par le maître, et exécutés *ensuite* sur les ardoises par les élèves, autant de fois et aussi longtemps que le maître le jugera utile. On commencera par la *tenue du corps, de la main et du crayon;* on fera distinguer la droite de la gauche, le haut du bas. On fera remarquer le point supérieur, le point inférieur; même remarque pour les lignes. On indiquera ce qu'on entend par ligne horizontale, verticale, oblique; on en tracera; on tracera des lignes parallèles. En passant, et fort accessoirement, on fera remarquer les figures de géométrie ; on apprendra à les tracer, mais il faudra arriver le plus vite possible à ce que les enfants soient à même de faire ce qu'on appelle des *bâtons*, puis des *i*, des jambages, des *u*, des *n*, *m*. — Faire faire de nombreux exercices de ces lettres avant d'aborder la première leçon.

Avis général. — *Le maître devra, pour tous les exercices des livrets* **se servir du tableau noir.** *Les enfants auront le livret en mains, mais la leçon leur sera expliquée, démontrée* **au tableau** *par le maître. C'est le seul moyen de faire comprendre, d'intéresser, et d'enlever à l'étude des éléments cette abstraction et cette monotonie si rebutante pour les enfants.* — Les exercices du tableau, *lettres, syllabes, mots* seront toujours reproduits par les enfants sur l'ardoise d'abord et, plus tard, sur le papier.

# PREMIÈRE PARTIE

## ÉTUDES DES LETTRES ET DE LEURS COMBINAISONS SIMPLES

**VOYELLES** { **a e i o u y** / *a e i o u y*

### PREMIÈRE LEÇON

**I**le

**i** *i*

### DEUXIÈME LEÇON

Lu**ne**

**n** *n*

**n, i** *n.i*

1re LEÇON. — Le maître montrera l'image, et dira le *nom*, expliquera ce que c'est qu'une **île**, fera remarquer le premier *son* que l'on émet en prononçant le mot *île* et décomposera ce mot en syllabes : *i-le*. — Faire voir au tableau la lettre **i** en caractère romain, employé dans les livres, et en caractère d'écriture : *i*; la faire écrire sur l'ardoise ou sur le papier (dans ce dernier cas, employer un crayon ordinaire et doux). — Le maître pourra faire remarquer que la lettre **i** dans *île* est surmontée du signe ^ appelé *accent circonflexe*, mais qu'ordinairement elle s'écrit avec un *point* (·) qui ressemble à une *bille*. — Faire reproduire une ligne d'*i* sur l'ardoise, en copiant d'après le tableau ou en se servant du modèle du livret. — Effacer, faire refaire.

**Mots** commençant par le son *i* (les faire décomposer en syllabes, les expliquer) : — *image*, *illettré*, *isidore*, *ivoire*, *ilot*, *ignorant*, *isabelle*, *italie*, etc.

2e LEÇON. — Cette image vous représente quoi ? — La **Lune**. Oui, c'est la lune. Vous connaissez le nom de cette planète, satellite de la terre, qui nous éclaire pendant la nuit. — Combien de syllabes dans le mot ? — Deux. **Lu ne.** La dernière, *ne* est le nom de la lettre **n**, qu'on écrit *n* et qu'on prononce **ne**. — Voyez : deux jambages ! Ecrivons des *n*, voyez comment je m'y prends, je monte, je descends, je monte, je descends, je monte *n n* (écrire lentement au tableau devant les enfants). — Faire écrire la lettre sur l'ardoise. — Faire assembler *ne*, *i*, *ni*, puis **n'i = ni**. — Faire reproduire puis dicter. — Se servir constamment du tableau noir. Revenir sur la leçon précédente.

**Mots** commençant par l'articulation *n* (les faire décomposer en syllabes, les expliquer) : — *nappe*, *natte*, *neige*, *noce*, *nez*, *niche*, *note*, *nord*, *nuit*, etc.

## TROISIÈME LEÇON

**U**sine

**u** *u*

**ni, nu, u ni**

*ni, nu, uni*

## QUATRIÈME LEÇON

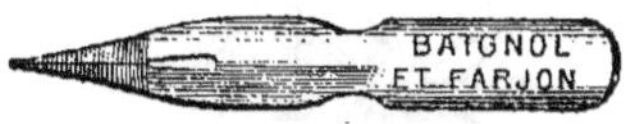

Plu**me**s

**m** *m*

**mi, mu, mu ni**

*mi, mu, mu ni*

---

3e LEÇON. — Cette image représente une **usine**. Qu'est-ce qu'une *usine?* Avez-vous déjà vu des usines? Les usines ont de grandes cheminées. Il y a des usines qui sont mises en mouvement par l'eau. Vous connaissez le moulin sur la rivière? c'est une usine; la fabrique de sucre, la filature, ce sont des usines, etc., etc. — Quel son fait-on entendre en prononçant la première syllabe du mot? Faire reconnaitre les trois *syllabes.* Montrer comment on écrit la lettre **u** : deux jambages comme **n**, mais renversés. Faire copier sur l'ardoise. — Assembler les lettres *n u.* — Expliquer le mot **uni**. — Quand est-on *unis?* Quand on est bons camarades. Vous êtes *unis* tous. Quand on est *unis*, on est *amis*, etc., etc. — Faire copier et recopier le mot *uni;* enfin le faire reproduire de mémoire. — Revenir sur les leçons précédentes. Veiller à la tenue du crayon ou de la plume. Aller lentement. Revenir plusieurs fois sur la même leçon s'il le faut, avant de passer à la leçon suivante. Faire voir encore la lettre **n** dans le mot usi *ne*, 3e syllabe.

**Mots** commençant par le son *u* (les faire décomposer en syllabes, les expliquer) : — *Unité, univers, urne, utile, ustensile, union, usage, unir,* etc

4e LEÇON. — Qu'est-ce qu'une **plume**. A quoi servent les plumes. Combien de sortes de plumes? Deux syllabes, **plu me**? Vous entendez **me** dernière syllabe. C'est le nom d'une lettre qui s'écrit ainsi **m** et s'appelle **me**. Comment s'écrit la lettre **m**? Voici **m** comme dans les livres imprimés, et *m* en écriture. C'est presque la même chose. Combien de jambages? Comment avez-vous appelé la lettre à deux jambages? **ne**. Bien, etc., etc. — Faire dire **me i mi** en décomposant, puis **mi**, après avoir élidé **l'e** de **me**, **m'i**, de même **me u mu**. — Expliquer le mot **muni** (la malle est *munie* d'habits, un enfant va à l'école *muni* de son goûter), composer, recomposer, faire copier, puis dicter les mots, les syllabes. — Relire la *préface* et les explications de la *première leçon.* — Revenir sur les leçons précédentes. Faire copier tous les exercices de chaque leçon.

**Mots** commençant par l'articulation *m* (les faire décomposer en syllabes, les expliquer) : — *maison, main, maman, marmite, mie, modèle, mur, mot, montre, musique, minute,* etc.

## CINQUIÈME LEÇON

**o** *o*

**O**lives

**i, n, u, m, no, mo**

*i. n. u. m. no. mo.*

## SIXIÈME LEÇON

**r**  *r*

Voitu**re**

**ri, ru, ro, mu ri,**

*ri. ru. ro. mu ri.*

**or, ur, ir, mu ni**

5ᵉ LEÇON. — Que représente cette *image?* — Des prunes ; — non. Des cerises ; — non. — C'est difficile. Vous ne le devinerez pas. Ce sont des **olives**. Voulez-vous apprendre d'où viennent les olives ? Ce qu'on fait avec des olives ? Je vais vous raconter tout cela. C'est intéressant, écoutez, etc. — Maintenant, répétons le mot : *olive*. Combien de syllabes? Quel est le premier son ? **o**. C'est le son **o**, qu'on représente par la lettre imprimée **o**, et qui s'écrit ainsi : *o*. — Faire copier des *o*. — Passer aux syllabes **no**, **mo**, les décomposer, les recomposer, les lire, les écrire. Agir suivant les indications de la préface et des procédés. — Ensuite faire reproduire les deux mots connus : *muni*, *uni ;* nous ne pouvons pas encore en former d'autres. — Le maître n'oubliera pas que toutes les démonstrations doivent être faites au **tableau noir** et qu'il doit y *envoyer souvent les élèves ;* la leçon dure *un quart d'heure*, jamais plus. Ensuite, les élèves copient sur l'ardoise les exercices du tableau. Dès qu'une lettre est bien connue, il faut s'attacher à la faire reproduire de *mémoire :* après la *copie*, la *dictée*. — Revenir sur les leçons précédentes.

**Mots** commençant par le son *o* (les faire décomposer en syllabes, les expliquer) : — *ovale, orange, obéissance, orage, odeur, obéir, oléron*, etc.

6ᵉ LEÇON. — Cette *image* représente, vous savez quoi? Une **voiture**. — Voyons, attention, nous disons **voi tu re**. Combien de syllabes? Trois. La dernière est le nom d'une lettre qui s'appelle **re** et qu'on écrit ainsi. Cela s'appelle **r'**, qu'on prononce **re** et qu'on écrit dans les livres : **r e**, sur le cahier : *r*. Il faut bien s'appliquer. Voyez ! je vais vous montrer comment on s'y prend, etc., etc. — On devra apprendre simultanément les syllabes (*directes ri, ru, ro*), et les syllabes (*inverses or, ur, ir*), qui ne présentent pas plus de difficultés. — Explication des mots. Revenir sur les leçons précédentes. Se pénétrer des conseils de la préface. Aller lentement. Veiller à l'écriture. Dicter les lettres étudiées, les syllabes directes, inverses, des mots.

**Mots** commençant par l'articulation *r* (les faire décomposer en syllabes, les expliquer) : — *réunion, rome, règle, reims, remi, renard, réveil, rivière, robe, rave, radis, racine*, etc.

**a**  *a*

**Ane**

# i, n, u, m, o, r, a

*i, n, u, m, o, r, a*

# na, ma, ra, ri, ar, ir, ira

*na, ma, ra, ri, ar, ir, ira*

# a mi, ma ri, ri ra, ir ma

*a mi, ma ri, ri ra, ir ma*

# or na, mi ra, ri ma, ar ma

---

**Procédés.** — Quel est ce pauvre *animal* à l'air doux et paisible? Le connaissez-vous? *Oui*, c'est un **âne**. C'est un bon animal que les méchants maltraitent souvent. Il rend bien des services. A quoi sert l'*âne*? Enfants, qu'est-ce qu'une *bête* de *somme?* A quel animal ressemble l'*âne?* etc., etc. — Quand nous disons (allons, tous ensemble!) : **â ne**. quel son faisons-nous entendre en désignant la première syllabe, c'est la lettre **a**, qu'on imprime **a** et qu'on écrit *a ;* voyez, *a* se compose de *o* et de *i* rapprochés *oi*, *a*. Expliquer les mots : **ami, mari, rira, irma**. Les faire copier, puis les dicter. Dicter des syllabes composées des *lettres apprises ;* dicter des *lettres*. — Relire la préface et les procédés des leçons précédentes. — Au commencement de chaque leçon, *récapitulation* des leçons précédentes. Aller lentement.

**Mots** commençant par le son *a* (les faire décomposer en syllabes, les expliquer) : — *armure, animé, amande, arabe, arbre, alsace, aliments, amiens*, etc.

**p**  *p*

pipes

**i, n, u, m, o, r, a, p**

*i, n, u, m, o, r, a, p*

**pi, pu, po, pa, ip, ap, op**

*pi, pu, po, pa, ip, ap, op*

**pa ri, pa pa a pu ni, a pi**

*pari, papa a puni, api*

**pa na ma, par mi, pa no ra ma**

**Procédés.** — Que représente cette *image?* — C'est une **pipe.** La pipe sert à fumer. Mais les enfants ne fument pas. La fumée de tabac contient un poison qui leur ferait mal. Dans **pi pe,** combien de syllabes? — Deux. La première est **pi** et la seconde **pe.** Le son *pe* est le nom d'une lettre **p**, la lettre **p'** qu'on appelle **pe.** Je l'écris, vous la voyez; voici l'écriture du livre : **p** et la lettre en écriture : *p.* — Expliquer les mots, la phrase; faire copier; puis dicter. — Faire dire indifféremment **ra, ar, pa, ap, ru, ur, po, op.** Il ne sera pas fait de leçons spéciales pour ces syllabes inverses. — Il n'est pas plus difficile de faire dire **pe a pa** que **a pe ap**; **re a ra** que **a re ar.** Beaucoup d'exercices au tableau noir à faire lire, copier; beaucoup d'explications, d'interrogations. — Revenir sur les leçons précédentes.

**Mots** commençant par l'articulation *p* (les faire décomposer en syllabes, les expliquer) : — *pendule, pain, papier, plumes, parents, puni, peine, pique, pilule, porte, paris, panier,* etc.

e  *e*

# Œufs

**i, n, u, m, o, r, a, p, e**

*i. n. u. m. o. r. a. p. e*

**ne, me, re, pe, ar, ap, pa ru re, pi pe**

*ne. me. re. pe. ar. ap. pa ru re. pi pe*

**ur ne, ré mi a u ne ar me ra re**

*ur ne. ré mi a u ne ar me ra re*

**ra me, ma re, ro me, or me, ri me**(1)

**Procédés.** — Que voyons-nous là ? Des **œufs.** Qui nous donne les œufs ? Quelle est la couleur des
œufs ? Y a-t-il des œufs de diverses couleurs ? etc., etc. — Prononçons tous : **œufs.** On dit : un œuf, des
œufs. — En disant des **œufs** on prononce le nom d'une lettre ; la voici ; voyez : **e** en caractère imprimé.
puis en écriture : *e.* — Faire remarquer que la lettre **e** placée à la fin d'un mot ne se prononce pas.
Expliquer les mots, etc., etc. — Mêmes exercices que précédemment. Revenir sur les leçons précédentes.
Ne passer à la leçon suivante qu'après l'avoir fait attendre, désirer et qu'après avoir épuisé les exercices supplémentaires.

(1) **Exeroices supplémentaires** (mots à décomposer, à lire, à copier) : — *ne, rire, are, mare,*
*irma ira à la mare, l'orme rare, la pipe de papa.*
*orme, mine, rome, marine, rame, narine, rime,*

**d** 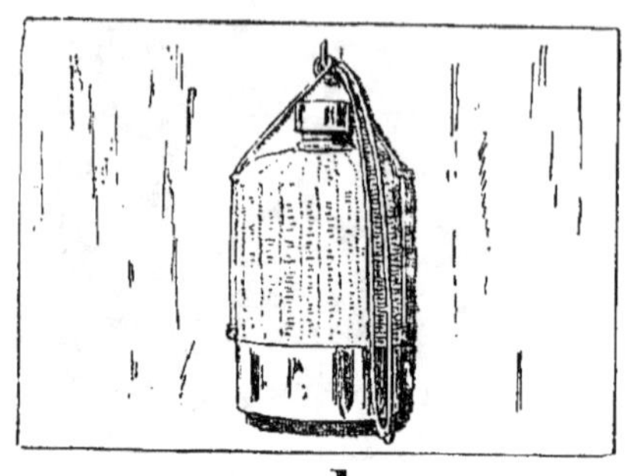 *d*

Gour**de**

**i, n, u, m, o, r, a, p, e, d**

*i. n. u. m. o. r. a. p. e. d*

**di, du, do, da, de, ad, ra de, ad mi re**

*di. du. do. da. de. ad. ra de. ad mi re*

**ma da me, mi di, ri de, do du, du o**

*ma da me. mi di. ri de. do du. du o*

**pa na de, do mi no, ra pi de, du pe**(1)

---

**Procédés.** — Ce dessin vous représente une **gourde**. La gourde est faite au moyen d'une bouteille entourée de brins d'osier ou d'une courge séchée dans laquelle on met de la boisson. Combien de syllabes dans **gour de**. — Deux. La dernière **de** est le nom d'une lettre, de la lettre **d**. Voyez sa forme imprimée; **d**, et en écriture *d*; c'est presque un *a*. — Explication des mots, etc. — Toujours, au commencement de chaque leçon, revenir sur les leçons précédentes. Aller lentement. Veiller à l'écriture. Ne passer à la leçon suivante qu'après épuisement des *exercices supplémentaires*, lus, copiés, relus et souvent dictés.

(1) **Exercices supplémentaires** (mots à décomposer, à lire, à copier) : — *de, du, dune, dupe, dire, redire, domino, dime, aride, rapide, panade, arcade, nomade, rude, ode, parodie; madame a ri à midi; rémi ira à rome; la mode durera; la panade rare; marie a une ride; admire la nature.*

é 

*é*

**École**

# i, n, u, m, o, r, a, p, e, d, é

*i. n. u. m. o. r. a. p. e. d. é*

## né, mé, ré, pé, dé, ré pa ré, o pé ré

*né. mé. ré. pé. dé. ré pa ré. o pé ré*

## a ni mé, ar mée, é pi, dé me né, dé

*a ni mé. ar mée. é pi. dé me né. dé*

## nu mé ro, do ré, or né, pa ré, ra pé(1)

**Procédés.** — Faites bien attention à cette *image!* Que représente-t-elle? Une *classe* ou une *école?* Nous l'appellerons **école.** Que fait-on à l'école? Pourquoi y a-t-il des écoles? Qu'y a-t-il dans une école, etc., etc. — Combien de syllabes dans ce mot? *Trois;* **é co le.** Bien — Quelle est la première? **é.** Nous l'écrivons, voyez : **é** comme sur les livres, et en écriture : *é.* C'est la lettre **e** que nous connaissons et qui est surmontée d'un signe, voyez ce signe ('). Il se fait de droite à gauche. Indiquer dans le vide, avec la main, et devant tous les élèves, comment on trace cet accent, etc. On l'appelle *accent aigu.* — Expliquer les mots, tous les mots, les décomposer, faire à leur sujet une historiette instructive et tâcher d'en tirer le *côté moral.* Écrire ces mots au tableau noir, les faire lire, copier, ensuite les dicter comme exercice d'orthographe. — Revenir constamment sur les leçons précédentes. Faire voir que les lettres *maigres* dans les leçons et **grasses** dans les exercices supplémentaires sont nulles pour la prononciation, mais qu'il les faut pour ne pas faire de fautes d'orthographe.

(1) **Exercices supplémentaires** (mots à décomposer, à lire et à copier) : *épine, épé***e**, *réuni, adoré, doré, maré***e**, *opéra, numéro, anémi***e**, *duré***e**, *rapé, périra, ramera ; l'épi doré; la parure réparé***e**.

**l**  

Pou**le**

**i, n, u, m, o, r, a, p, e, d, é, l**

*i, n, u, m, o, r, a, p, e, d, é, l*

li, lu, lo, la, le, lé, il, al, ol, la lu ne

*li, lu, lo, la, le, lé, il, al, ol, la lu ne*

le ma la de, la mo ra le, l'î le, é lu

*le ma la de, la mo ra le, l'î le, é lu*

la pi lu le, il al lu me, é mi le a lu(1)

**Procédés.** — Que représente cette *image?* Vous le savez. C'est une **poule.** La poule est un oiseau de basse-cour bien précieux. La poule nous donne sa chair, ses œufs ; la poule est bonne mère, elle aime ses poussins. La dernière syllabe du mot est **le**, nom d'une lettre. En impression sur vos livres, voici sa forme : **l**, et en écriture : *l*. — Expliquer **l'élision**, à propos du mot *l'île*, mais en passant. Ne pas insister, on y reviendra. Expliquer les mots : faire des rapprochements. Afin de s'assurer que les enfants n'apprennent pas par cœur, faire lire les syllabes isolément en les prenant de ci, de là. Faire lire, copier ; dicter ensuite. Revenir sur les leçons précédentes. Aller lentement. Tenir les enfants en éveil.

(1) **Exercices supplémentaires** (mots à décomposer, à lire et à copier) : *lame, parole, délire, mule, émule, poli, pelure, pilule, émile, éléonore, alinéa, rôle, idole, mélodie, épelé, laminé, l'ami, l'épée ; l'élu de l'île ; le malade a dormi ; la mule a paru malade ; une parole dure ; la lune a lui à minuit.*

è ê

è ê

# Haie

i, n, u, m, o, r, a, p, e, d, é, l, è, ê

*i, n, u, m, o, r, a, p, e, d, é, l, è, ê*

nè, mè, rè, pè, dè, lè, le pè re, la mè re

*nè, mè, rè, pè, dè, lè, le pè re, la mè re*

le mê me mo dè le, dé mê lé, è re

*le mê me mo dè le, dé mê lé, è re*

le pê ne, le re mè de, u ne pè le ri ne (1)

**Procédés.** — Cette *image* représente quoi? C'est difficile! C'est une **haie**. Qui connaît des haies, qui a vu des haies? — Monsieur, moi; il y en a à notre jardin. — A quoi sert une haie? Est-elle nécessaire? Pourquoi? etc., etc. — Prononçons tous : **haie**. Ce mot n'a qu'une syllabe. Nous l'écrirons comme **e** et comme é, seulement c'est le signe que l'on met dessus qui change; on met sur la lettre que nous étudions le signe (`) ou celui-ci (^). Retenez bien cela, sur **e** on ne met rien; sur **é**, on met un accent aigu ('), de droite à gauche; sur **è**, on met un accent grave (`), de gauche à droite, ou un accent circonflexe (^); ce dernier se fait en réunissant les deux accents. Indiquer avec la main comment on fait les accents. En tracer au tableau. — Explication des mots, copie, lecture, dictée. — Ne pas trop insister sur les accents afin de ne pas accroître les difficultés.

(1) **Exercices supplémentaires** (mots à décomposer, à lire et à copier) : — *adèle, pèlerine, remède, alène, épèle, pène, rêne, arène, délétère, pâle; la parole du père; la pilule amère; adèle épèle le modèle.*

**t**  *t*

Marmot**te**

**i, n, u, m, o, r, a, p, e, d, é, l, è, ê, t**

*i. n. u. m. o. r. a. p. e. d. é. l. è. ê. t*

ti, tu, to, ta, te, té, tè, tê, at, dé pu té

*ti. tu, to, ta, te, té, tè. tê. at. dé pu té*

la na tu re, le pi lo te ti mi de, tê te

*la na tu re. le pi lo te ti mi de. tê te*

u ne to ma te, le pâ té, la tu li pe, tô le(1)

**Procédés.** — Que vous représente cette *image?* C'est une **marmotte**, quadrupède rongeur de l'ordre des loirs, qui dort l'hiver. Ce mot a trois syllabes. Attention ! Quelle est la dernière? **te**. C'est le nom d'une lettre, de la lettre **t**. La voilà sous ses deux formes **t**, *t*. Le **t** a une petite barre qu'il ne faut pas oublier. — Toujours explications des mots, des phrases. — Interrogations, copies des mots au tableau. — Lecture générale, puis individuelle. Après copie et ensuite dictée. Faire passer des élèves au tableau et leur demander de montrer tels mots, telle syllabe, d'en distinguer les lettres, etc. — Récapitulation des leçons précédentes

(1) **Exercices supplémentaires** (mots à décomposer, à lire et à copier) : — *ta, te, pâté, rôti, date, note, loto, tomate, artère, arête, mérite, pelote, minute, pétale, rate, tube, anatole, minorité, aptitude, timidité, témérité, réalité, élite, alité, altéré, tôle ; la mule porte le père et la mère ; anatole sera timide ; le pâté rôti du pilote ; l'âne ira à la pâture.*

## RÉCAPITULATION

| VOYELLES | CONSONNES |
| --- | --- |
| i, u, o, a, e, é, è, ê | n, m, r, p, d, l, t |
| *i. u. o. a. e. é. è. ê* | *n. m. r. p. d. l. t* |

le re mè de a o pé ré; i mi te le mo dè le; le ri re dé ri de ; a dè le i ra à ro me.

*ma da me te pu ni ra ; la mi no ri té le ma la de a le dé li re ; le nu mé ro*

ma mè re a lu; ré mi a la tê te du re; la pa na de de re né; pa pa a u ne mu le. u ne pi lu le a mè re; a li ne a é té du pe

**Procédés.** — Avant de commencer les exercices de cette récapitulation, le maître fera bien de jeter un coup d'œil sur le chemin parcouru. Les indications de la préface et les procédés des premiers exercices, ont une grande importance, mais, on le comprend, il ne nous était pas possible de les répéter entièrement à chaque leçon ; nous y renvoyons. Une nouvelle lecture attentive de toutes les notes achèvera de pénétrer le maître de l'esprit de cette méthode et le mettra à même de continuer son enseignement sans hésitation. — Reconnaître, lire, écrire les lettres étudiées. — On appelle les premières **voyelles** et les autres **consonnes**. — Faire distinguer les voyelles et les consonnes, les diverses sortes d'accents. — Continuer à lire en décomposant d'abord les syllabes **pe, o = po le, i = li = poli**. Il faut de bonne heure habituer les enfants à attaquer la syllabe sans avoir besoin de la décomposer à haute voix : **pa, ro, le** ; éviter le ton traînant, être *bref*. — Écrire les exercices au tableau noir, les faire lire, distinguer par les élèves en leçons collectives et ensuite individuellement. — Copier, lire l'écriture, puis dicter. Interroger, expliquer les mots et toujours revenir en arrière. Commencer chaque leçon par la récapitulation des lettres étudiées.

## RÉCAPITULATION (suite)

ri, ir, ro, or, ra, ar, pa, ap, po, op, pi, ip

*ri. ir. ro. or. ra. ar. pa. ap. po. op. pi. ip*

da, ad, li, il, la, al, ta, at, l'a, t'i, m'u, n'o

*da. ad. li. il. la. al ta. at. l'a t'i m'u. n'o*

l'a mi de ta mè re n'a pu mé di re ;

é mi le a de l'ap ti tu de à l'é tu de ;

*il a mal à la tê te ; al lu me ta pi pe*

*le pi lo te i ra à la mer ; la tu li pe*

le pi ra te m'a ra me né à la ra de ;

l'â ne du pè re i ra à la pâ tu re ; or me ;

l'é li te de l'ar mée mo dè le ; ar mu re.

u ne per le ra re ; la por te du pa no ra ma

**Procédés.** — Exercices sur les syllabes **inverses** et sur l'**élision**. — Faire copier, lire, et dicter. — Procéder lentement. — Expliquer toujours. — Pour la remarque de l'*élision*, écrire les exercices au tableau noir, par exemple : *le ami* et au-dessous : l'*ami* en effaçant l'*e* et en le remplaçant par l'apostrophe. — Il ne suffit pas de dire, il faut faire voir. Faire copier, reproduire tous les exercices. Faire lire l'écriture.

**c** (que)  *c*

**C**oq

**i, n, u, m, o, r, a, p, e, d, é, l, è, ê, t, c**

*i. n. u. m. o. r. a. p. e. d. é. l. è. ê. t. c*

**cu, ca, co, ac, oc, é co le, ca po te, ac te**

*cu. ca. co. ac. oc. é co le. ca po te. ac te*

**ca ra co, co de, ca pi ta le, co lè re**

*ca ra co. co de. ca pi ta le. co lè re*

**le cu ré, le ca na pé, la car pe, col**(1)

**Procédés.** — Quel est cet animal? Est-ce un quadrupède? Qu'est-ce que c'est qu'un **coq**? Comment est-il vêtu? Est-il matinal? etc., etc. — Combien de syllabes? Enlevons les deux dernières lettres, celle qui reste du mot est **c** qu'on prononce **que**. Plus tard nous reviendrons sur cette lettre. Voici comment on l'écrit sur les livres : **c** et en écriture *c*; c'est presque un *o*. — Lire, écrire, copier, expliquer comme précédemment. Faire aller les élèves au tableau pour voir s'ils reconnaissent les mots, les syllabes et s'assurer qu'ils apprennent en même temps avec les yeux et avec la mémoire. — Revenir sur les leçons précédentes.

(1) **Exercices supplémentaires** (mots à décomposer, à lire et à copier) : — *cane, camarade, capote, canapé, comète, côte, cale, cube, écume, coco, comité, comédie, caricature, macaroni, cacao, molécule, activité, ridicule, alcali, arnica, arcade, cône; la capote du soldat; luc ira à l'école; il a mis une capote ridicule; la caricature coloriée; une école modèle; la comète a paru; jules a de l'activité.*

**V**  *v*

Zoua**ve**

**i, n, u, m, o, r, a, p, e, d, é, l, è, ê, t, c, v**

*i. n. u. m. o. r. a. p. e. d. é. l. è. ê. t. c. v*

vi, vu, vo, va, ve, vé, vè, vê, na vi re

*vi. vu. vo. va. ve. vé. vè. vê. na vi re*

vi de, é lè ve, vi ve, ca ve, vo te

*vi de. é lè ve. vi ve. ca ve. vo te*

la va ni té, le vo lu me, la vi pè re(1)

**Procédés.** — Mêmes procédés. — Questions sur l'*image*. — Un **zouave** est un soldat français. Quelle est la dernière syllabe du mot? **ve**. C'est le nom d'une lettre. — Que fait-on entendre d'abord en lisant le mot? la lettre **v' v' v**. Cela s'appelle **ve** qu'on écrit **v** et *v*. — Écrire les exercices au tableau; faire copier, lire, puis dicter. — Aller lentement et expliquer; faire parler. — Revenir sur les leçons précédentes.

(1) **Exercices supplémentaires** (mots à décomposer, à lire et à copier) : — *olive, pavé, rêve, levé, vite, activité, vénère, cuve, rive, ravine, lave, sève, rave, rivalité, virilité, vanité, cavale, volume, ovale, alcôve, virole, locomotive, vipère, volatile, victor a lavé le pavé; il a vu le navire; il a le volume du camarade de l'école; évite le pavé rude, la locomotive a été vite à la ville; vénère ta mère; va à la cave, vide la cuve.*

**b**  

Glo**be**

**i, n, u, m, o, r, a, p, e, d, é, l, è, ê, t, c, v, b**

*i. n. u. m. o. r. a. p. e. d. é. l. è. ê. t. c. v. b.*

**bi, bu, bo, ba, be, bé, bè, bê, ob, ab, ro be**

*bi. bu. bo. ba. be. bé. bè. bê. ob. ab. ro be*

**bo bi ne, cu be, ca ra bi -ne, a ra be**

*bo bi ne. cu be. ca ra-bi ne. a ra be*

**la ca ba ne, le la va bo, du bi tu me**(1)

**Procédés.** — Cette *image* nous représente quoi? — Un **globe** ou une boule qui est la forme de la terre. La dernière syllabe s'appelle **be**. On l'écrit ainsi dans les livres : **b** et ainsi en écriture : *b*. — Expliquer tous les mots; interroger; songer au raisonnement des enfants, aux idées à faire naître, à développer, etc. — Commencer toujours la leçon par la récapitulation des lettres des leçons précédentes. Ne passer à la leçon suivante qu'après exécution parfaite des exercices supplémentaires.

(1) **Exercices supplémentaires** (mots à décomposer, à lire et à copier) : — *obole, urbanité, cabane, obéir, cabale, abime, bade, cuba, orbite, boa, bipède, arbalète, ébène, bitume, bâti, bile, sébile, lavabo, albumine, bure; le papa a une arbalète, il ira à bade; la robe de bure: le bitume de la rue; anatole h éira à l'école; l'animal bipède.*

BrosSe

**i, n, u, m, o, r, a, p, e, d, é, l, è, ê, t, c, v, b, s**

*i. n. u. m. o. r. a. p. e. d. é. l. è. ê. t. c. v. b. s*

si, su, so, sa, se, sé, sè, sê, is, us, os, as, es

*si. su. so. sa. se. sé. sè. sê. is. us. os. as. es*

sa la de, so li de, si te, es ti me, su

*sa la de. so li de. si te. es ti me. su*

la sè ve, u ne so li ve, la sé vé ri té[1]

---

**Procédés.** — Cette *image* représente quoi? — Une **brosse**. — A quoi sert la brosse? — A brosser ses habits, les chaussures, etc. Avant de partir pour l'école, votre maman brosse vos habits. Quand vous serez grands, vous les brosserez vous-mêmes. Attention! Répétons le mot: **Bros se**. La dernière syllabe du mot est **se**. C'est le nom de la lettre que nous étudions et qu'on écrit ainsi **s** et *s*. — Explication des mots au fur et à mesure qu'on les écrit au tableau. Faire copier, lire, écrire, dicter. Procéder lentement. Récapitulation des leçons précédentes. — Faire distinguer et copier les lettres étudiées.

(1) **Exercices supplémentaires** (mots à décomposer, à lire et à copier) : — *su, se, si, su, samedi, sale, sali, sévère, ursule, savate, solive, absolu, séné, sonore, solo, satire, savane, sévérité, solitude, sérénade; rené a su lire, il a étudié; anatole a salé la salade de céleri; il partira samedi, il ira à rome; Adèle a sali sa robe et sera punie; la cocarde du soldat; la dorure sera solide.*

**j** 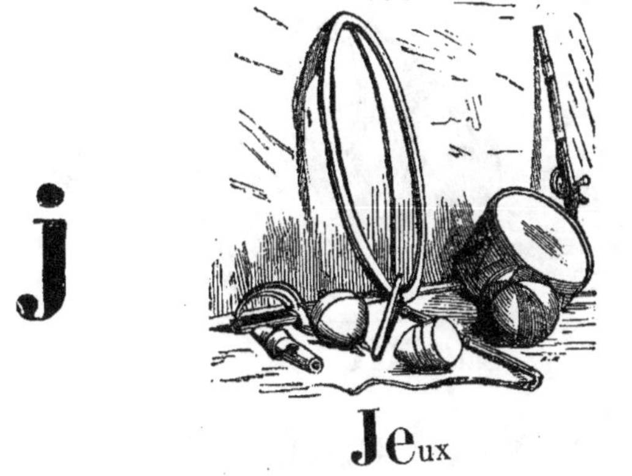 *j*

**Jeux**

**i, n, u, m, o, r, a, p, e, d, é, l, è, ê, t, c, v, b, s, j**

*i. n. u. m. o. r. a. p. e. d. é. l. è. ê. t. c. v. b. s. j*

**ju, jo, ja, je, jé, ju pe, ma jo ri té**

*ju. jo. ja. je. jé. ju pe. ma jo ri té*

**jé rô me, dé jà, jo li, ju ju be, ju ré**

*jé rô me. dé jà. jo li. ju ju be. ju ré*

**le jus te, le ju ra, la ma jes té, ja va** (1)

---

**Procédés.** — Que vous représente cette *image?* Des joujoux ou des objets avec lesquels les enfants jouent ou font des **jeux**. Le mot **je** ainsi écrit est le nom d'une lettre, qu'on écrit j et *j*. — Se servir du tableau noir, lire les mots, former des phrases qu'il ne faut pas négliger d'expliquer. Envoyer des élèves au tableau pour lire, distinguer, reconnaître tels mots, telles syllabes, de ci, de là, etc. Récapitulation des leçons précédentes. Faire distinguer, reconnaître et copier les lettres étudiées.

(1) **Exercices supplémentaires** (mots à décomposer, à lire et à copier) : — *je, jeté, cajolé, jubé, jura, java, janina; julie a sali sa robe; jules a jeté la limonade, il a dit la vérité; le député a obtenu la majorité; je dîne à midi; jules a juré de tenir sa parole.*

**g**  *g*

Sari**gue**

**i, n, u, m, o, r, a, p, e, d, é, l, è, ê, t, c, v, b, s, j, g**

*i.n.u.m.o.r.a.p.e.d.é.l.è.ê.t.c.v.b.s.j.g*

**gu, go, ga, ag, ga mi ne, é ga li té**

*gu. go. ga. ag. ga mi ne. é ga li té*

**ri go le, gâ té, lé gu me, ré gal, ga re**

*ri go le. gâ té. lé gu me. ré gal. ga re*

**la gar de, l'é go ïs te, u ne li ga tu re**(1)

---

**Procédés.** — Que représente cette *image?* C'est un animal qui ressemble au renard. Nous apprendrons la fable : *l'enfant et la sarigue.* La **sarigue** a une poche où elle peut cacher ses petits et les emporter. Combien de syllabes? Trois, **sa ri gue**. La dernière est le nom d'une lettre qu'on écrit dans les livres **g** et en écriture *g*. — Mêmes procédés. Aller toujours lentement. Veiller à l'écriture. Récapitulation des leçons précédentes. Faire voir, reconnaître et copier toutes les lettres étudiées.

(1) **Exercices supplémentaires** (décomposer, lire, copier) : — *égaré, agonie, gobé, ligature, octogone, pagode, gala, gale, catégorie; marie a égaré sa bobine; rémi ira à la gare et partira, il ira à paris; la gale, maladie cutanée.*

**f**

Carafe

**i, n, u, m, o, r, a, p, e, d, é, l, è, ê, t, c, v, b, s, j, g, f**

*i. n. u. m. o. r. a. p. e. d. é. l. è. ê. t. c. v. b. s. j. g. f*

**fi, fu, fo, fa, fe, fé, fè, fê, of, af, ef, fa de**

*fi. fu. fo. fa. fe. fé. fè. fê. of. af. ef. fa de*

**fê te, fa ri ne, ca fé, fi gu re, fè ve**

*fê te. fa ri ne. ca fé. fi gu re. fè ve*

**la fi dé li té, le ca nif, le tuf, ca ra fe(1)**

---

**Procédés.** — Cette *image* représente une **carafe** sorte de **bouteille en verre** que l'on sert sur la table et dans laquelle on met de l'eau. La dernière syllabe du mot est **fe**, c'est le nom d'une lettre qu'on écrit f et *f*. — Mêmes procédés. Chaque exercice peut donner lieu à une leçon. L'important est d'aller lentement de façon à mener de front l'écriture, la lecture, la dictée, l'orthographe, le raisonnement, le développement intellectuel et moral des enfants. Récapitulation des leçons précédentes. Faire voir, reconnaître et copier les lettres étudiées.

(1) **Exercices supplémentaires** (décomposer, lire, copier) : — *if, défi, fidélité, carafe, filature, fécule, famine, fané, calorifère, fumée, futile, fétide, calife, favori, sofa, défilé, fétu, figurine, rafale; anatole ira à la fête de la gare; la figure salie sera lavée; la farine de fève sera fade; le fagot d'épines sera lié.*

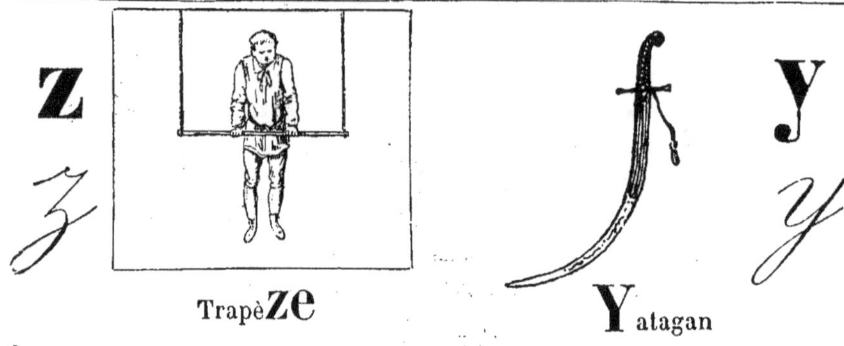

TrapèZe — Yatagan

i, n, u, m, o, r, a, p, e, d, é, l, è, ê, t, c, v, b, s, j, g, f, z, y

*i. n. u. m. o. r. a. p. e. d. é. l. è. ê. t. c. v. b. s. j. g. f. z. y*

zi, zu, zo, za, ze, zé, zè, zé ro, ga ze

*zi, zu, zo, za, ze, zé, zè, zé ro, ga ze*

zô ne, zo é, zè le, zi be li ne, to pa ze

*zô ne, zo é, zè le zi be li ne, to pa ze*

la py ra mi de, une a ma zo ne, la ly re[1]

**Procédés.** — Vous connaissez tous cet appareil. On l'appelle un **trapèze de gymnastique**. La dernière syllabe du mot, **ze** est le nom d'une lettre qu'on écrit **z** et *z*. Cette lettre est difficile à écrire. Attention !

La deuxième gravure représente un grand coutelas. Vous le voyez. On appelle cette espèce de sabre un **yatagan**. Vous entendez le mot *yatagan*. — Quel son frappe d'abord l'oreille en le prononçant? *i*. — La première lettre de ce mot est en effet un **i** grec. Nous y reviendrons dans le deuxième livret. Nous verrons les cas dans lesquels l'**y** a la valeur de deux **i**, **i**. — Récapitulation. Faire voir, reconnaître, copier les lettres étudiées.

(1) **Exercices supplémentaires** (décomposer, lire, copier) : — *amazone, azote, azime, azuré, lyre, pyramide, anonyme, yvetot, yeux; l'amazone caracole sur sa cavale; médéric a vu la pyramide, il a vu l'égypte; victor ira à yvetot; la gaze légère; zoé a du zèle.*

i, n, u, m, o, r, a, p, e, d, é, l, è, ê, t, c, v, b, s, j, g, f, z, y, k, q

*i, n, u, m, o, r, a, p, e, d, é, l, è, ê, t, c, v, b, s, j, g, f, z, y, k, q*

qui, quo, qua, que, qué — ki, ku, ko, ka, ke, ké

*qui, quo, qua, que, qué — ki, ku, ko, ka, ke, ké*

qui ni ne, qua li té, pi que, ki lo, ké pi

*qui ni ne, qua li té, pi que, ki lo, ké pi*

le co mi que, du co ke, le ka by le, quê te(1)

**Procédés.** — Que représente cette *image?* Un **cirque** est une enceinte où l'on fait courir et manœuvrer les chevaux. Ces exercices d'adresse sont très amusants. La dernière syllabe du mot se prononce **que** et qu'on écrit **q** et *q*. — Montrer dans le mot képi la lettre **k** qu'on prononce **ke**, comme la lettre **q** (**que**). — Faire remarquer la différence entre **p** et **q**, entre **b** et **d** imprimés et écrits. — Ecrire au tableau noir; faire des interrogations, donner des explications de façon à intéresser, etc., etc. — Récapitulation. Faire voir, reconnaître, copier les lettres étudiées.

(1) **Exercices supplémentaires** (décomposer, lire, copier) : — *qui, que, toque, topique, piqué, époque, comique, politique, équivoque, quête, requête, opaque, optique, poétique, tonique, véridique, ironique, amérique; — coke, kabile, moka; dominique a bu du moka; le kilo de moka; l'arabie, capitale la mecque; le kiosque sera situé sur l'avenue de québec.*

*x*

Bo**xe**

**i, n, u, m, o, r, a, p, e, d, é, l, è, ê, t, c, v, b, s, j, g, f, z, y, k, q, x**

*i. n. u. m. o. r. a. p. e. d. é. l. è. ê. t. c. v. b. s. j. g. f. z. y. k. q. x*

**xi, xu, xo, xa, xe, xé, xè, xê, ix, ex, a xe**

*xi. xu. xo. xa. xe. xé. xè. xê. ix. ex. a xe*

**lu xe, ma xi me, ta xe, fi xé, bo xe**

*lu xe. ma xi me. ta xe. fi xé. bo xe*

**u ne ri xe, ex po sé, o xy de, mix te**[1]

**Procédés.** — Que représente cette *image?* — Deux hommes qui jouent à la **boxe.** La dernière syllabe du mot **xe** est le nom d'une lettre que nous appelons **xe**, et qui s'écrit **x**, *x*. — Toujours mêmes procédés. Récapitulation des lettres étudiées. Les faire voir, connaître, copier.

(1) **Exercices supplémentaires** (décomposer, lire, copier) : — *rixe, fixe, saxe, mexique, mexico, vexé, paradoxe, lexique; marcel ira à mexico, il a vu le mexique; il lira le lexique; l'élève a fini sa* tâche: *il a copié la maxime; la taxe du luxe; ma mère se fixera à paris.*

**h**[1]

hi, hu, ho, ha, he, hé

*hi. hu. ho. ha. he. hé*

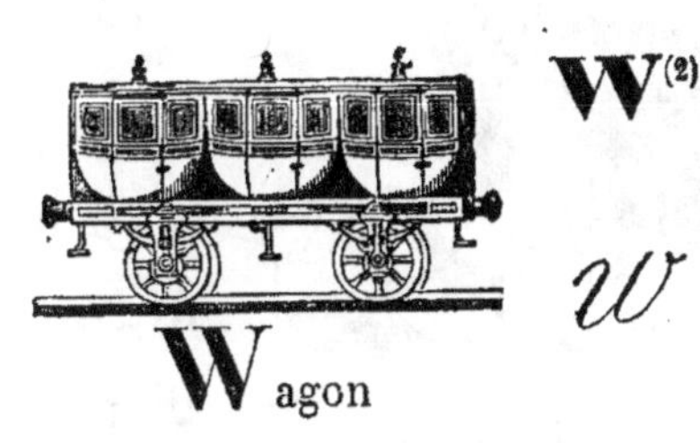

**w**[2]

*w*

**W**agon

ha bi le, her be, hal te, a hu ri, ca hu te.

## RÉCAPITULATION DES LETTRES[3]

i, n, u, m, o, r, a, p, e, d, é, l, è, ê, t, c, v, b, s, j, g, f, z, y, k, q, x, h, w

**VOYELLES** : a, e, i, o, u, y

**CONSONNES** : b, c, d, f, g, h, j, k, l, m, n, p, q, r, s, t, v, x, z

**ORDRE ALPHABÉTIQUE**[4] :

a, b, c, d, e, f, g, h, i, j, k, l, m, n, o, p, q, r, s, t, u, v, x, y, z[5]

*a. b. c. d. e. f. g. h. i. j. k. l. m. n. o. p. q. r. s. t. u. v. x. y. z*

**Procédés.** — (1) Que représente cette première *image?* Une **hache**. Quelles sont les parties de la hache? A quoi sert le *manche*, la *lame?* — La lettre **h** est nulle dans la prononciation, elle ne sert que pour l'orthographe. Exemple : les mots **habitude, habit** qui s'écrivent ainsi, pourraient s'écrire **abitude, abit**; de même **homme, histoire** qu'on prononce comme s'il y avait **ome, istoire**. — (2) Le *double v* n'est employé que pour écrire certains mots empruntés à l'anglais ou à l'allemand; l'usage en apprendra la prononciation suivant l'origine des mots. — (3) Exercices de récapitulation, lecture et écriture des lettres. A première vue, les élèves doivent pouvoir distinguer, lire, écrire toutes les lettres de l'alphabet montrées isolément et sans aucun ordre. (4) — Faire reconnaître les lettres dans cet ordre et inversement en commençant par la *fin*. Désigner les consonnes par *be, me, le*, etc., comme on les a étudiées, du reste.

(5) **Exercices supplémentaires** (décomposer, lire, copier) : — *habile, habitude, hâte, hale, hélène, honorine, cahute, havane, hérité, hilarité, humanité, humide, hâve, honoré, hexagone; honorine née à la havane a hérité de sa mère; honore ta mère; évariste habite le canada, il a la figure hâlée.*

Gi ra fe.

**g** devant **e**, **i**, se prononce comme **j**

o ra ge, na ge, ri va ge, pa ge
a gi le, i ma ge, a gi té, ju ge
â ge, dé lu ge, ti ge, ra ma ge
gî te, é lo ge, ré gi me, é ta ge

---

Ce ri ses.

**c** devant **e**, **i**, se prononce comme **s**

ci re, ci vi li té, vi ce, ci me, ci ga re
ci ga le, ra ci ne, cé ci le, fa ce, ra ce

**s**, entre deux voyelles, se prononce comme **z**

a si le, vi sa ge, mi sè re, u sa ge
ro se, do se, ru se, ré si ne, ra sé

* * *

i si do re a dé ra ci né le ré sé da;
la bi se lui a ger cé la fi gu re.
la sa ge cé ci le a bu sa ti sa ne(1).

---

**Procédés.** — Écrire les exercices au tableau noir; les faire copier, lire, puis les dicter. — Toujours explication des mots; n'en omettre aucune ; faire parler les enfants, c'est le moyen d'accroître leur vocabulaire et de les intéresser à la leçon.

(1) **Exercices supplémentaires** (décomposer, lire, copier) : — *otage, argile, potage, ménage, algérie* — *ici, ce, ceci, notice, médecine, milice, puce, limace, malice, police, décime, édifice, acide, civique.* — *épisode, usé, base, remise, mesure, camisole, usure, isolé, tisane, aviso, alose, parasite.*

## MAJUSCULES ET MINUSCULES

| | | | | | | | | | | | |
|---|---|---|---|---|---|---|---|---|---|---|---|
| A | a | *A* | *a* | | | | | R | r | *R* | *r* |
| B | b | *B* | *b* | J | j | *J* | *j* | S | s | *S* | *s* |
| C | c | *C* | *c* | K | k | *K* | *k* | T | t | *T* | *t* |
| D | d | *D* | *d* | L | l | *L* | *l* | U | u | *U* | *u* |
| E | e | *E* | *e* | M | m | *M* | *m* | V | v | *V* | *v* |
| F | f | *F* | *f* | N | n | *N* | *n* | W | w | *W* | *w* |
| G | g | *G* | *g* | O | o | *O* | *o* | X | x | *X* | *x* |
| H | h | *H* | *h* | P | p | *P* | *p* | Y | y | *Y* | *y* |
| I | i | *I* | *i* | Q | q | *Q* | *q* | Z | z | *Z* | *z* |

Al sa ce, Ba ra, Car not, Da nu be, E pi nal,
Fi nis tè re, Ga li lée, Hu go, I ta lie, Ju ra,
Klé ber, La mar ti ne, Mo lé, Nec ker, Oc ta ve,
Pas cal, Qué bec, Ri vo li, Sé né gal, Tur got,
Ulm, Val my, Wal la ce, Xé rès, Y ve tot, Zo é.

**Procédés.** — Expliquer les mots. Faire lire les lettres majuscules et les mots, et les faire copier par petites fractions. Donner les explications que les mots comportent. — Faire en sorte que les enfants puissent écrire leur *nom*, leurs prénoms. Les leur donner à copier. Faire copier le nom de la commune, du canton, du département, le nom du bureau de poste, et, dans les villes, le nom de la rue habitée par la famille et par l'école avec l'indication du nº. Faire copier le nom de toutes les gravures du livret.

## CHIFFRES

| | |
|---|---|
| **1**, un |  **6**, six 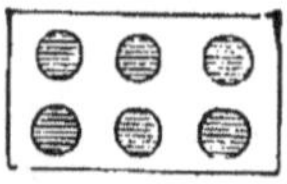 |
| **2**. deux |  **7**, sept 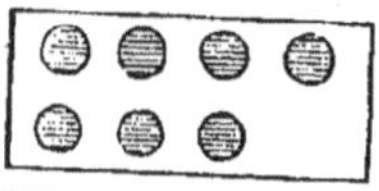 |
| **3**, trois |  **8**, huit 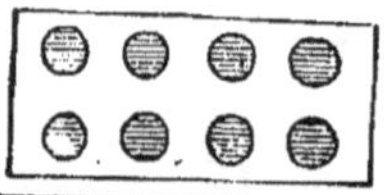 |
| **4**, quatre | 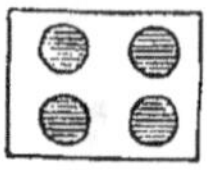 **9**, neuf  |
| **5**, cinq | 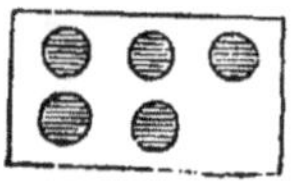 **10**, dix 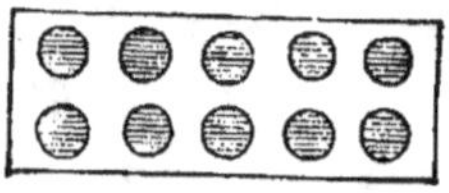 |

**1 2 3 4 5 6 7 8 9 10**

*1 2 3 4 5 6 7 8 9 10*

| **Nombres impairs** | **Nombres pairs** |
|---|---|
| 1 3 5 7 9 | 2 4 6 8 10 |

**I II III IV V VI VII VIII IX X**

**Procédés.** — Faire remarquer et compter le nombre de points et faire reproduire les chiffres sur l'ardoise, sur le tableau noir ou sur le cahier. — Ne pas attendre pour cela la 32e leçon du livret. — Faire faire des chiffres dès que les enfants seront suffisamment exercés à l'écriture. Leur faire reproduire, en copiant exactement, les deux premières lignes du tableau : 1, un ; 2, deux, etc. — Ce sera encore un exercice d'écriture et d'orthographe ajouté à celui de lecture et de calcul ; puis, faire reproduire sur l'ardoise les chiffres de la pagination du livret. — Expliquer ce que c'est qu'un nombre *pair* et un nombre *impair*. — Faire écrire aux enfants après leurs noms, leurs prénoms, le lieu et la date de leur naissance, leur âge (chiffres et lettres).

## RÉCAPITULATION

— 1 —

**Aa.** — A bel, a bî me, arc, ab so lu, ab sor bé, abus, a ca cia, a rc, ac tif, ac ti vi té, ad jec tif, a dop tif, ad ver be, af fa mé, Al le vard, Al bi, al cô ve, Al ma, Al sa ce per due. Apt, A dè le a vu u ne a né mo ne. A jac ci o, ca pi ta le de la Cor se.

Carte d'Alsace-Lorraine.

L'Alsace et une partie de la Lorraine ont été arrachées à la France par le funeste traité de Francfort (1871).

— 2 —

**Bb.** — Ba bel, ba bil, Bac ca rat, Ba de, ba di ne, Bag dad, bal, Bâ le, bap tê me, ba ra que, Bar ba rie, ba rio lé, Bar na ve, bar que, Ba ta via, Bas tia, ba vard, Ba viè re, Bel gi que, Bel lac, Ber cy, Ber nard, Ber ry, bi que. Bo ni fa ce a ver sé le bol de ca fé.

— 3 —

**Cc.** — Ca ba ne, Ca ca o, ca de nas, ca di, ca duc, ca hu te, Ca li for nie, cal cul, Cal cut ta, ca li cot, ca lo ri fè re, ca lot te, Cal va dos, cal vi nis te, ca ma ra de, Ca na da, ca nal, ca pa-ci té, ca rac tè re, ca ra pa ce, Car not, Ca ro li ne du sud, Ca ro li ne du nord, pays de l'A mé ri que, É tats-U nis.

**Procédés.** — Parler de l'Alsace et de la Lorraine, dire en quelques mots comment ces pays si français de cœur ont été arrachés à la mère-patrie. Faire lire, expliquer et copier les mots.

CAPITALE. — Ce que c'est qu'une capitale — Citez quelques capitales des États de l'Europe — Paris — Londres — Berlin — Rome, etc. (Les montrer sur la carte).

CANAL. — Ce que c'est qu'un canal — son utilité, etc.

CARAPACE. — Montrer une carapace ou la dessiner, etc.

Carnot.

Organisateur des armées de la République, né en 1753, mort en 1823. Carnot fut un grand patriote.

— 4 —

**Dd.** — Da go bert, Da ni el, Da nu be, Da vid, dé bor dé, dé bu té, dé ca pi té, dé cer né, dé ci sif, dé cli né, dé sal té ré, dé sar mé, dé ser té, dé so lé, dé vi dé, dé vo ré, dis cu té, dis si pé, do mes ti-que, dor mir. Do mi ni que a vu les do ru res de l'hô tel de vil le de Pa ris.

— 5 —

**Ee.** — É bè ne, é bé nis te, é car la te, é cer ve lé, é co no me, é cor ce, é cu mé, é cu rie, é di fi ce, é gal, é ga li té, é ga ré, é las ti ci té, é lec-tif, é li re, é lu, É li sa, é mu le, é lo ge, é pi, é pe lé, é pi-ce rie, é pi der me, é qui no xe, é qui pa ge, é qui té, É mi le i ra à Ro me, à Ba by lo ne.

— 6 —

**Ff.** — Fa bi us, fa bu lis te, fa ci li té, fac ti ce, fac tu re, fa de, fa got, fa mi ne, fa na ge, fa tal, fa ta li té, fau fi lé, fa vo ri sé, fé cu le, fê lé, fé o da li té, fer ma ge, fé ro ci té, fer ti le, fé ru le, fi el. La fi er té, a pa na ge du sot.

— 7 —

**Gg.** Gard, ga lè re, ga le rie, ga lop, Gal va ni, Gap,

**Procédés.** — Parler de Carnot et des grands hommes contemporains qui ont illustré notre pays, dire ce qu'étaient Barra, Viala. — Il faut, dès leur jeune âge, inculquer aux enfants l'amour de la Patrie, en leur faisant connaître et aimer les personnages qui l'ont honorée. — Expliquer tous les mots qu'ils connaissent le mieux, comme désarmé, dissipé, économe, facture, etc. les faire copier et faire lire la copie.

ga ra ge, gar de, ga re, gar ni, gâ té, gâ te, ga ve, ga zel le, gaz, ga ze, gé li ve, ge lée, gé né ral, Gex, géo lo gue. Gus ta ve a na vi gué sur le lac de Ge nè ve.

Jacquard.

Célèbre mécanicien, né à Lyon en 1752, mort à Oullins (Rhône) en 1834. Il a inventé le métier à tisser qui porte son nom.

— 8 —

**Hh.** — Ha bi le, ha bit, ha bi té, ha bi tu de, hal te, ha me çon, har di, ha ri cot, har pe, ha sard, hé ber gé, her be, hé ri ta ge, his to ri que. Il gè le l'hi ver.

— 9 —

**Ii.** — I dée, i dio me, i di ot, Ié na, if, ima ge, i né gal, i ner te, i nex act, i ni tial, i mi ta tif, I ta lien, i solé, i ota, I sa ac, Is ra é lite, I ré née a vi si té l'I sè re, l'I ta lie.

— 10 —

**Jj.** — Ja cob, Jac quard, Jac ques, Ja ni cu le, Jar nac, Jé ré mie, Jé rô me, je ta, je té, Jo as, Ju da, ju ge, Ju lie, Ju not, ju pe, ju ri di que, ju ris te. Le gé né ral Ju not fit la guer re au Por tu gal.

— 11 —

**Kk.** — Ka bi le, Ké lat, ké pi, Ki el, ki lo, kios que, Ka ri kal. La Ka bi lie, pays ha bi té par les Ka bi les, ra ce ber bè re.

---

**Procédés.** — A propos de Jacquard, parler des métiers à tisser la soie, le lin, montrer des échantillons de soie, de lin, de chanvre, etc. Prononcer le nom des industriels qui se sont distingués: Richard-Lenoir, Oberkampf, etc. — Ne laisser passer aucun mot sans l'expliquer de façon à intéresser l'enfant.

Lacépède.

Naturaliste français, disciple de Buffon, dont il continua les travaux (1756-1825).

— 12 —

**Ll.** — La cé pè de, na tu ra lis te. La mar ti ne, poè te. La me, la mi né, la pé, lar me, la va bo, lé gu me, li las, Li ma, li ma ce, li me, Li mo ges, li vi de, lo ca tif. Le Lot, ri viè re qui se réu nit à la Ga ron ne.

— 13 —

**Mm.** — Ma xi me, ma ca ro ni, Ma da gas car, Ma dè re, Ma la ga, Mal te, Ma nos que, ma te las, ma te lot, ma ti nal, mè che, mé de ci ne, Mé doc, mé ri té, me su ré, mé tal, Me xi que, mi né ral, mo des te, mo dis te, mu si que. La gar de mu ni ci pa le, gar de la vil le.

— 14 —

**Nn.** — Noé mi, na cel le, na ge, Na var re, nec tar, né fas te, nè fle, né ga tif, né go ce, Né rac, nerf, ni vô se, no mi na tif, Nord, Nu mi die, nu tri tif. Ni co las a vi si té la Nu mi die.

— 15 —

**Oo.** — Oc ta ve, o bé ir, ob ser vé, O vi de, oc to go ne. L'o cu lis te o pè re le ma la de. L'o li ve don ne de l'hui le. O pé ra, po è me mu si cal. Or me, or tie, Os car a co pié.

**Procédés.** — Dire ce que c'est qu'un OCULISTE — Recommander aux enfants de bien se laver les yeux pour éviter de grandes infirmités — Faire connaître que plusieurs enfants ont perdu la vue par leur faute. Courte leçon de chose sur la vue (myopie, presbytie).

— 16 —

**Pp.** — Pa ris, bel le ca pi ta le. Pa les ti ne, Ber nard Pa lis sy, Pa na ma, pa no ra ma, pa que-bot, pa ra de, pa ra ly ti que, pa ra sol, par don né, pa res se, par fu mé, par ta ge, pas sa ge, pa vé, la pé da le du pia no. Le pi lo te a bor da le ri va ge.

Bernard Palissy.

Créateur de la céramique en France, célèbre par ses beaux vases de terre ornés de figures artistement sculptées. Bernard Palissy, qui fut modeste, grand savant et grand artiste, est un admirable exemple de persévérance dans le travail.

— 17 —

**Qq.** — Qué bec, ca pi ta le du Ca na da, qua li té, qua tor ze, quê te, quil le, Qui to. Le quart du pâ té. L'ad jec tif qua-li fi ca tif, mot qui don ne u ne qua li té.

— 18 —

**Rr.** — Ra ci ne, ra bot, ra de, ra fa le, ra me, ra mo né, ra re té, ra va ge, ré cit, re fu ge, ré gal, re le vé, re mè de, re nard, re pos, ré ver bè re, Re mi i ra à Ro me.

— 19 —

**Ss.** — Sa bot, sac, sac ca de, Sa ha ra, sa la de, sal si fis, sa va te, Sa xe, Si ci le, Si bé rie, si rop, sol de, sol dat, sol fè ge, so li tu de, sys tè me. Sol fé ri no, vil le de l'I ta lie.

**Procédés.** — Parler de Bernard Palissy. Dire qu'aujourd'hui on ne trouve guère que dans les musées les produits de son temps. Montrer un tableau mural où se trouve indiquée la fabrication des assiettes et où l'on voit la matière première qui entre dans cette fabrication. Avoir un morceau de faïence, de porcelaine, etc. — Faire lire et copier les phrases.

Les dragons sont des soldats de cavalerie qui peuvent combattre à pied et à cheval.

— 20 —

**Tt.** — Ta bac, Ta ci te, tac ti que. tar dif, ter ri ne de pâ té, Tyr. Le Ty rol, Ti tus. Le Ta ge pas se à To lè de, ar ro se le Por tu gal, puis se jet te à la mer à Lis bon ne.

— 21 —

**Uu.** — U di ne, vil le d'I ta lie. U lys se fut le pè re de Té lé ma que et le ma ri de Pé né lo pe. L'u ni for me du sol dat. Les a mis u nis. Suis se, U ria ge, I sè re. L'u ti li té de l'é tu de.

— 22 —

**Vv.** — Vé ri té, qua li té. Vic ti me, vi sa ge, vi si te, vo ra ci té, Vé ro ne, ri di cu le. Va ni té vi ce de ca rac tè re de ce lui qui dé si re u ne po pu la ri té pué ri le et ri di cu le.

— 23 —

**Xx.** — Xé rès, Xer xès, Xer ti gny.

**Zz.** — Za ra, zè le, zé ro, zoua ve, zo ne, zo dia que.

— 24 —

Vé nè re, ho no re, res pec te ta mè re. É mi le a vi si té l'ar se nal de la ma ri ne ; il a sa lué l'a mi ral. Le ca ma ra de de l'é co le se ra un a mi fi dè le. La li me u se le fer.

---

**Procédés.** — Dire ce qu'est le soldat, que tous les enfants devenus hommes sont appelés à l'honneur de servir la Patrie. — Faire connaître en peu de mots la composition de l'armée. — Armée de mer. — Armée de terre (cavalerie et infanterie, etc). — Faire remarquer que les enfants studieux seront de bons soldats dont les parents seront fiers. — Faire lire et copier, puis faire lire la copie d'un élève à un autre.

Les enfants studieux travaillent avec ardeur.

René a vu les arcades de la rue de Rivoli; il a admiré les étalages du bazar. — Le père a semé et récolté de l'orge, de la luzerne. — Avec de l'argile, l'artiste exécute un modèle.

Anatole a salué la dame. — Zoé lavera sa robe. — Le matelot ira à la cabine du navire. — Le nid de ce canari sera vite fini. — Le navire a été jeté à la côte. — Maxime sera sage et poli. — Le malade a bu de la limonade et de la tisane, il se lèvera samedi. — La tige de la tulipe sera fanée. — Alice se fera un caraco de calicot. — Le paletot de ce camarade a été lavé. — Jules a une tête évaporée. — Petit ami, va vite à l'école et étudie. — René sera sage et obéira à sa mère. — La témérité du pilote a été punie. — La coque de ce joli navire sera réparée. — Anatole ira à l'école de la rue de Rivoli à Paris. — Le navire apportera du café de la côte de Malabar, et de Moka, ville de l'Arabie.

---

**Procédés.** — Glorifier le travail. — Les enfants laborieux à l'école seront travailleurs et se rendront utiles à leur pays, à leurs parents, etc. Raconter une courte anecdote à ce sujet, exemple général Drouot. Expliquer tous les mots, profiter des lectures pour faire des leçons de choses sur les nids, l'agriculture, les navires, etc.

## RÉCAPITULATION GÉNÉRALE

COMPRENANT L'ÉTUDE COMPLÈTE DES VOYELLES ET DES CONSONNES SIMPLES ET DE LEURS COMBINAISONS DIRECTES ET INVERSES

(Syllabes de deux et de trois lettres)

Er nest a é té sa ge, sa mè re le mè ne ra à la fê te ; — l'a ma zo ne a sa li sa ro be ; sa ca va le ca ra co le ; — l'ac ti vi té mè ne à la for tu ne ; — Mé dor a dor mi sur la por te ; — l'é tu de du cal cul se ra u ti le ; — la fa ti gue al tè re la fi gu re ; — ad mi re ce jo li na vi re qui fi le a vec ra pi di té ; — la fi gu re co-mi que de l'ar tis te for ce à ri re ; — le dé pu té fi dè le se ra ré é lu à l'u na ni mi té ; — le ma la de a bu sa ti sa ne a mè re ; — le vol se ra pu ni a vec sé vé ri té ; — vé nè re ta mè re ; — ho no re la ver tu ; — le ca si no se ra ré pa ré sa me di ; — l'é di fi ce se ra jo li, vas te, so li de ; — pa pa vo te ra ; — le ri re dé sar me ; — l'A ra be ha bi le a ob te nu un e jo lie

Les navires a vapeur marchent beaucoup plus vite que les navires à voiles.

Les Arabes sont de bons soldats ; ils aiment beaucoup la France.

**Procédés.** — Agir comme précédemment. — Écrire la leçon au tableau noir en caractère d'écriture ; la faire reproduire sur l'ardoise ou sur le cahier, expliquer tous les mots. — Attaquer les syllabes autant que possible sans les décomposer. Faire lire, copier et ensuite faire lire la copie. Dicter lentement.

ca ra bi ne. — Ar thur se ra vi te ar ri vé sur le vé lo ci-pè de ; — l'é té ra ni me la natu re ; — l'ar se nal de la ma ri ne ; — Re né por te l'u ni for me ; — le ju ry a dé li bé ré à mi di ; — Ju les va par tir à l'é co le ; — le gar de a é té ma ti nal ; — l'é lè ve pu ni se ra re te nu ; — la ra fa le a je té la bar que de Vic tor à la cô te ; — l'hi ver se ra ru de, ne te sé pa re pas de ta ca po te ; — il pa ti ne ra sur le ca-nal ; — u ne mo de ri di-cu le ; — le to tal de la fac tu re ;— ce jo li si te m'a ra vi ; — A na to le a é té ac tif ; — il a déjà fi ni sa co pie.

Le vélocipède est une sorte de voiture posée sur deux roues et que l'on fait avancer en appuyant les pieds sur des étriers en forme de manivelle qui sont fixés au moyeu de la grande roue.

Le patinage sur la glace est un exercice salutaire, mais qui présente des dangers sérieux.

**Procédés.** — Lire sur le livret ; faire copier chaque exercice, puis faire lire sur la copie. — Exercice de dictée en expliquant le sens, la valeur des mots, les expressions, etc. — Ne pas décomposer les syllabes autant que possible.

## NOTIONS ÉLÉMENTAIRES DE DESSIN

(EXERCICES PRÉPARATOIRES)

*Pour la reproduction de ces divers modèles on se servira du* **cahier d'application** *de la méthode Lacabe* (Même Librairie)

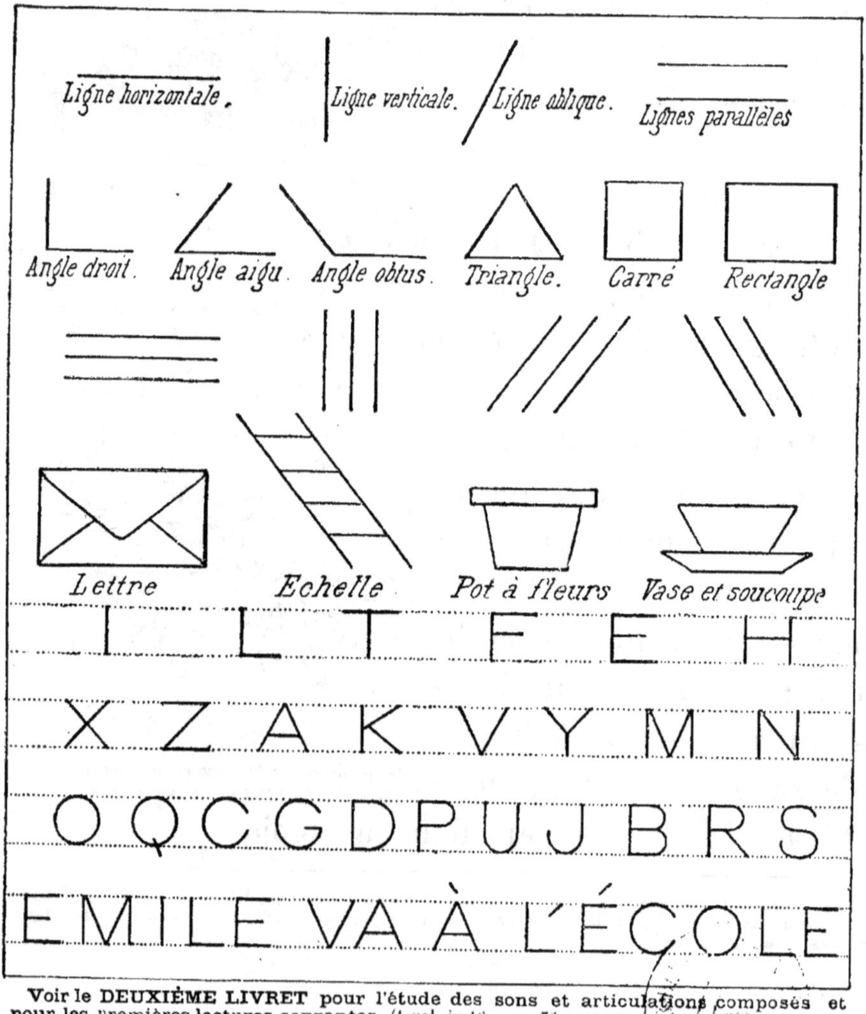

Ligne horizontale. Ligne verticale. Ligne oblique. Lignes parallèles

Angle droit. Angle aigu. Angle obtus. Triangle. Carré Rectangle

Lettre Echelle Pot à fleurs Vase et soucoupe

I L T F E H

X Z A K V Y M N

O Q C G D P U J B R S

EMILE VA À L'ÉCOLE

Voir le **DEUXIÈME LIVRET** pour l'étude des sons et articulations composés et pour les premières lectures courantes. (1 vol. in-16, avec 76 gravures, cart. » 50)

SAINT-DENIS. — Imprimerie PICARD-BERNHEIM et Cie. — C. C.

LIBRAIRIE PICARD-BERNHEIM ET Cie. — PARIS

NOUVEAU COURS D'ENSEIGNEMENT PRIMAIRE
**Rédigé conformément aux programmes officiels du 27 juillet 1882.**

**Méthode adoptée pour les écoles des villes de Paris, Lyon, Bordeaux, Marseille, etc.**

ENSEIGNEMENT PRATIQUE ET SIMULTANÉ

DE

# LA LECTURE, DE L'ÉCRITURE
## ET DE L'ORTHOGRAPHE

**Par M. E. CUISSART**

**Membre du Conseil supérieur de l'Instruction publique et du Conseil départemental de la Seine, Inspecteur primaire à Paris,** Chevalier de la Légion d'honneur.

## LA MÉTHODE COMPREND :

**Cinq tableaux,** format grand aigle (1m,05 × 76 c.). Prix en feuilles . . . . . . . . . . . . **5** »
— — collés sur toile, vernis, montés sur gorge et rouleau . . . . . . . . . . **15** »
**Premier livret** . . . . . . . . . . . . . . . . . . . . . » **30**
**Deuxième livret.** . . . . . . . . . . . . . . . . . . . . » **50**
**Premier degré de lectures courantes** ou 3e livret. » **60**
**Second degré de lectures courantes** ou 4e livret. » **90**

**Premier livret.** Étude des lettres et de leurs combinaisons simples. 21e édition. 1 joli volume in-16, contenant 45 gravures, cartonné . . . . » **30**

**Deuxième livret.** Étude des sons et des articulations composés 13e édition. 1 joli volume in-16, contenant 50 gravures, un grand nombre d'exercices récapitulatifs et des lectures courantes syllabées ou non syllabées, cartonné . . . . . . . . . . . » **50**

**Premier degré de lectures courantes (3e livret).** Morale, connaissances usuelles, maximes, petites poésies, orthographe et rédaction, leçons orales, petits exercices grammaticaux. Avec 90 vignettes et des notions élémentaires de dessin, d'après la méthode de M. Lacabe, professeur d'École normale. Ouvrage répondant au programme officiel du 27 juillet 1882, 12e édition. 1 joli volume in-18 jésus, cartonné . . . . . . . » **60**

**Deuxième degré de lectures courantes (4e livret).** — *(Cours élémentaire et moyen).* — MORALE. — ORGANISATION DE LA FRANCE. — CONNAISSANCES USUELLES. — MAXIMES. — FABLES ET POÉSIES. — ORTHOGRAPHE ET RÉDACTION. — LEÇONS ORALES. — EXERCICES LITTÉRAIRES ET GRAMMATICAUX. — Illustré d'un grand nombre de vignettes et modèles de dessins (objets usuels). d'après la méthode de M. Lacabe, professeur d'École normale. Ouvrage répondant au programme officiel du 27 juillet 1882. — 1 beau volume in-18 jésus, cartonné . . . . » **90**

**Les Enfants modèles,** par M. Lavalette, ouvrage faisant suite au 2e *Degré de lectures courantes.* — MORALE. — LEÇONS DE CHOSES. — COMMERCE. — INDUSTRIE. — SCIENCES PHYSIQUES ET NATURELLES. — AGRICULTURE. — HORTICULTURE. — VITICULTURE. — 160 gravures dans le texte. — 1 volume in-18 jésus de 360 pages, cartonné. . . . . **1 50**

**ENVOI FRANCO CONTRE LE MONTANT EN TIMBRES POSTE.**

Saint-Denis. — Imp. Picard-Ber

www.ingramcontent.com/pod-product-compliance
Lightning Source LLC
LaVergne TN
LVHW012018160826
845678LV00002B/903

*9782329656311*